NOTICE

SUR LES

CHARTES ORIGINALES

RELATIVES A LA TOURAINE

ANTÉRIEURES A L'AN MIL

PAR

J. DELAVILLE LE ROULX

ARCHIVISTE-PALÉOGRAPHE
MEMBRE DE L'ÉCOLE FRANÇAISE DE ROME

TOURS

IMPRIMERIE ROUILLÉ-LADEVÈZE, RUE CHAUDE
1879

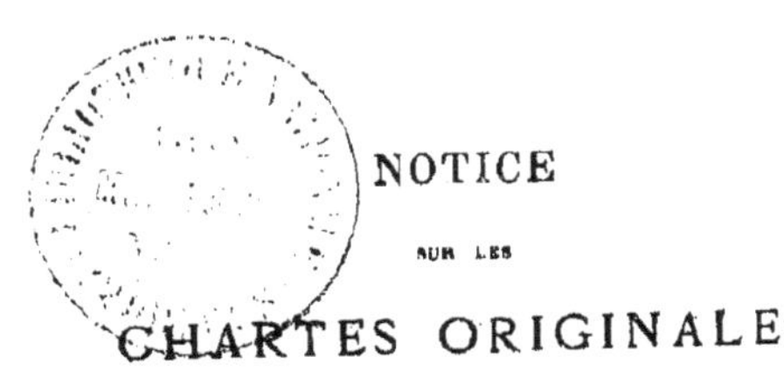

NOTICE

SUR LES

CHARTES ORIGINALES

RELATIVES A LA TOURAINE

ANTÉRIEURES A L'AN MIL

IMPRIMERIE ROUILLÉ-LADEVÈZE
6, rue Chaude, 6.

NOTICE

CHARTES ORIGINALES

RELATIVES A LA TOURAINE

ANTÉRIEURES A L'AN MIL

PAR

J. DELAVILLE LE ROULX

ARCHIVISTE-PALÉOGRAPHE
MEMBRE DE L'ÉCOLE FRANÇAISE DE ROME

TOURS

IMPRIMERIE ROUILLÉ-LADEVÈZE, RUE CHAUDE

1879

CHARTES TOURANGELLES

ANTÉRIEURES A L'AN MIL.

———— ——

Une récente et importante découverte, faite à Loches, au greffe du tribunal, de pièces d'archives du xe siècle, nous a inspiré la pensée de réunir quelques indications sur les pièces originales, antérieures à l'an mil et intéressant l'histoire de Touraine, qui sont parvenues jusqu'à nous (1).

Au cours de notre travail, en faisant les recherches qu'il a nécessitées, nous avons plus d'une fois regretté que personne avant nous n'ait songé à dresser la liste des parchemins renfermés dans les dépôts publics. Ce travail eût empêché la perte de nombre d'actes de la plus haute importance, tant au point de vue historique qu'à cause de leur antiquité.

Qu'il nous soit permis de déplorer la dispersion d'actes si importants et si précieux entre les mains des particuliers. C'est ainsi que M. Tarbé, dans la *Revue rétrospective* (1837), a publié un *Examen critique et analytique de diverses chartes des* x^e, xie, xiie *et* xiiie *siècles*, relatives à la Touraine, ouvrage dans lequel il donne le texte de 10 chartes antérieures à l'an mil provenant de sa collection particulière, mais sans tirer toujours de ces documents tout le parti qu'on pouvait espérer. Aujourd'hui nous ignorons ce que sont devenues ces pièces, sauf une qui, passée dans le cabinet

(1) Ces pièces ont été trouvées au greffe du tribunal de Loches, servant de couverture aux registres d'état civil du commencement de ce siècle. M. Gauthier, l'heureux auteur de cette découverte, nous a permis de les étudier, et d'en donner le texte. Nous tenons à le remercier publiquement de sa bienveillance ; si la présente notice peut avoir quelque intérêt, elle le doit en grande partie aux pièces inédites dont il a bien voulu nous laisser prendre communication.

d'André Salmon, a fait, à sa mort, retour aux archives d'Indre-
et-Loire (1).

Les notations tironiennes, fréquentes dans les chartes que
nous avons étudiées, ont été l'objet pour nous d'un examen qui jusqu'ici avait été trop négligé. Dans cette partie
de notre travail nous avons été guidé par un jeune savant.
M. H. Omont, qui a fait de ce mode d'écriture une étude

(1) C'est la pièce de Théotolon relative à St-Loup (Tarbé, *Examen analyt.*,
p. 8-9. — Salmon, *Notice historique sur l'abbaye de St-Loup*, p. 15).

Nous croyons utile de donner ici l'analyse des chartes contenues
dans l'ouvrage de M. Tarbé, dont l'importance n'échappera à personne.
Deux de ces chartes n'intéressant pas la Touraine, nous n'en parlerons
pas.

Mars 945 (Xᵉ année de Louis). — Théotolon, archevêque de Tours, con-
cède aux moines de St-Julien la chapelle de St-Christophe, à Bléré, à charge
de redevance à payer au cédant Roger, chanoine de St-Martin et de St-Mau-
rice. — (Tarbé, p. 4-6. — Ed. X. de Busserolle, *Dictionnaire d'Indre-et-Loire*,
I, article Bléré.)

946. — Joseph II, archevêque de Tours, donne en pur don aux moines de
St-Julien le village de Sonnai, avec les églises de N.-D. et de St-Gervais, les
bois « Bessinrum » et les terres sises près du ruisseau du Grenet (auj. le
Gault.) — (Tarbé, p. 11-12.)

Mars 960 (VIᵉ année de Lothaire). — Geoffroy, « rerum Sanctæ Genofefæ
rector », autorise son fidèle Gislard à donner aux moines de St-Julien une
partie des biens qu'il lui avait concédés en bénéfice, c'est-à-dire une aulnaye sise à Maillé (Luynes), près de l'aulnaye de Berche. — (Tarbé, p. 15-16).

978. — Guaudalbert, neveu de l'archevêque Hardouin, renonce à ses préten-
tions sur diverses dîmes à Cigoigné et à la villa de « Grasciaco », réclamées
par les moines de St-Julien, et dépendant des revenus de l'église de St-Hilaire.
Cette renonciation est confirmée devant l'archevêque. — (Tarbé, p. 17-18).

Avant 995. — Le comte Eudes donne « sanctæ Mariæ Ravionensi » des biens
sis dans le pagus Turonicus, spécialement une terre appelée « Velaqua » près
de la Vienne. — (Tarbé, p. 19-20).

Mai 993-4 (VIIᵉ année de Hugues). — Gerla, abbesse de Ste-Croix, donne
aux moines de Bourgueil le village de « Triolo ». — (Tarbé, p. 27-28).

16 février 999 (XIᵉ année de Robert). — Archambault, archevêque de
Tours, autorise Corbon à donner à l'abbé de Bourgueil quatre quartes de terre
sises à Seuilly, prises sur les biens qu'il tenait en bénéfice de l'archevêque. —
(Tarbé, p. 31-32.)

Les autres chartes n'intéressent pas la Touraine et sont postérieures à l'an
mil.

spéciale. Il nous permettra de lui exprimer ici toute notre gratitude pour son concours dévoué.

Nous avons cherché, dans la présente étude, à réunir sur chacune des pièces qui nous ont été conservées, tous les renseignements que nous avons pu recueillir, sans espérer avoir fait un travail complet. Bien des choses restent à dire après nous, bien des savants pourront tirer de ces chartes des renseignements précieux, dont nous n'avons pu soupçonner l'existence ; il nous suffira de les avoir guidés dans cette voie et nous serons amplement récompensé si les notes que nous publions ici leur sont de quelque secours (1).

(1) Dans la série chronologique de ces pièces, nous en avons admis qui ne nous sont pas parvenues dans l'original, mais dans une copie presque contemporaine (xᵉ ou xıᵉ siècle). Comme il était souvent difficile d'assigner une date certaine à ces copies, nous nous sommes cru autorisé à les faire entrer dans le corps de ce travail. Nous avons également étendu de quelques années la limite de l'an mil ; aussi bien avons-nous trouvé des documents qui par leurs caractères paléographiques, par les notations tironiennes qu'ils contenaient, se rapprochaient plus du siècle qui finissait que de celui qui s'ouvrait. C'est dans cette mesure seulement que nous nous sommes permis d'étendre le cadre de notre notice.

—

I. — DIPLOME DE LOUIS LE PIEUX, RELATIF
A COUSSAY. — 837.

(Archives d'Indre-et-Loire, série H, carton Cormery. — Haut., 0,542.
Larg., 0,593.)

Ce diplôme ouvre la série des actes conservés aux Archives
d'Indre-et-Loire. C'est la plus ancienne pièce qui nous soit
parvenue, relative à la Touraine. Elle concerne le don fait par
Louis le Débonnaire au monastère de Cormery de la villa de
Coussay, au diocèse de Poitiers, donation faite à Thionville,
le 16 juillet 837 (1).

Cette charte a été publiée dans le *Gallia Christiana* XIV,
instrumenta, p. 25-6 (2), et dans le *Cartulaire de Cormery*,
p. 24-5 (3) ;

Les deux textes, surtout le premier, sont souvent inexacts.
Nous donnons ici les variantes que nous avons relevées en
comparant l'original au texte du *Cart. de Cormery* :

Page 24, ligne 1, au lieu de *Hludovicus*, lisez : *Hludoovicus*.
— ligne 3, au lieu de *necessitatibus*, lisez : *necessitates*.
— ligne 5, au lieu de *emolumentum*, lisez : *œmolumentum*.

(1) Et non 838, date donnée par le *Gallia Christiana*, qui ne coïncide
pas avec l'indication.

Coussay, Vienne, arr. Loudun, cant. Monts-sur-Guesnes..

(2) Les instruments du t. XIV du Gallia avaient été imprimés par les Bé-
nédictins ; M. Hauréau s'est servi de cette édition.

(3) Mémoires de la Soc. arch. de Touraine, tome XII.

Page 24, ligne 6, au lieu de *promerendam*, lisez : *capessendam*.

— ligne 8, *omnibus* manque dans l'original.

— ligne 11, au lieu de *patroni*, lisez : *patronis*.

— ligne 13, au lieu de *complacuit*, lisez : *conplacuit*.

— ligne 21, au lieu de *eamdem*, lisez : *eandem*.

— ligne 22, au lieu de *cœterisque*, lisez : *ceterisque*.

ligne 25, au lieu de *ac res ipsas*, lisez : *ac reipsas*.

Page 25, ligne 4, au lieu de *apices Audachro*, lisez : *apices fieri atque Audaero*.

— ligne 7, au lieu de *sancimsus*, lisez : *sancecimus*.

— ligne 13, au lieu de *proficiat*, lisez : *persolvat*.

— ligne 14, au lieu de *fabricæ*, lisez : *fabrice*.

— ligne 17, au lieu de *propitiatione*, lisez : *propiciatio*.

— ligne 19, au lieu de *annulo*, lisez : *anulo*.

— ligne 22, au lieu de *Hludovicus*, lisez : *Hludovvicus*.

La pièce est dans un magnifique état de conservation; le sceau subsiste; il est semblable au type décrit par M. Douet d'Arcq (*Inventaire des sceaux des Archives*, n° 17): c'est une tête d'empereur romain laurée, à droite, avec la légende : † XPE PROTEGE HLVDOVVICVM IMPERATORE. L'écriture est la belle écriture des diplômes carlôvingiens, avec paraphe initial et ruche.

II. — DÉDICACE DE LA BASILIQUE DE VILLELOIN PAR HÉRARD, ARCHEVÊQUE DE TOURS. — 9 MAI 859.

(Bibl. Nat., nouv. acq. lat. 2506. — Haut., 0,800. Larg., 0,450; la charte devait avoir au moins 0,500, une bande de parchemin ayant été coupée dans toute la hauteur de la pièce de chaque côté.)

Le texte de cet acte a été imprimé : 1° par M. Hauréau dans le *Gallia Christiana* XIV, instrumenta, p. 47-49, d'après le Cartulaire de Villeloin ; 2° par l'abbé Bourassé dans le *Cartluaire de Cormery*, p. 44; 3° par Dufour, *Dictionnaire du* II° *arrondissement d'Indre-et-Loire*, II, 449-55.

L'acte original est parvenu jusqu'à nous dans sa presque intégralité. L'étude attentive de ce document nous a fait connaître de sensibles différences entre l'original, les textes imprimés et les copies manuscrites de cette pièce (1), qui toutes ont pour source commune le Cartulaire de Villeloin. Aussi avons-nous cru utile de donner un nouveau texte de cette pièce, nous servant des textes imprimés pour combler les lacunes que présente l'original, et indiquant les variantes, additions ou suppressions en note. Le lecteur remarquera des modifications importantes qui, assurément, ne sont pas le résultat de gloses ou de notes passées dans le texte ; le monastère a eu des motifs pour effectuer ces changements.

In nomine summæ et inseparabilis Trinitatis sempiternæ quoque Deitatis, Herardus per misericordiam Dei Turonicæ sedis metropolis humilis archiepiscopus, omnibus universalis ecclessiæ fidelibus, patribus et fratribus filiisque, nec non in hac sede futuris successoribus nostris, notum et omnibus (2) percognitum fieri per nostræ humilitatis studium decrevimus quoniam cum more ecclesiastico pastorali quoque consuetudine parrochiam nobis a Deo creditam circuire disponeremus (3) vocatione venerabilis abbatis Audacri (4), consacerdotis nostri devenimus ad quendam (5) locum qui communi vocabulo, præteritis præsentibusque temporibus, Villalupæ est nominatus; quem locum cum rebus ad se pertinentibus, ecclesiamque juxta in Columniaco villa sitam, in sancti Sulpitii (6) episcopi et confessoris honore dicatam, cum cunctis suis adjacentiis, familiam etiam utriusque sexus, quidam olim vir (7) inlustri (8) prosapia ortus, Mainardus, facto legaliter fideicommisso (9), per (10) jam dictum Herardum archiepiscopum unice quondam ab eo dilectum et Adalgaudum (11) et Mainarium suæ germanitatis pro-

(1) Bibl. nat., Gaignières, fonds lat., 17129, f. 8-12.
(2) Dans *Cart. de Cormery* et *Gallia christiana*, il y a : notum omnibus et.
(3) *Cart. de Cormery* : disponerumus.
(4) *Cart. de Cormery* et *Gallia christiana* : Audachri.
(5) *Cart. de Cormery* et *Gallia christiana* : quemdam.
(6) *Cart. de Cormery* : Sulpicii.
(7) *Cart. de Cormery* et *Gallia christiana* : vir olim.
(8) *Cart. de Cormery* et *Gallia christiana :* ex illustri.
(9) *Cart. de Cormery* et *Gallia christiana :* testamento.
(10) *Cart. de Cormery* et *Gallia christiana* ajoutent : me.
(11) *Cart. de Cormery :* Adagaldum.

pinquos, itemque Adalgaudum (1) suum avunculum, Frugandum (2) atque Moysen (3) ad honorem omnipotentis domini (4) et ad normam regula.is (5) vitæ supradicto Audachro ad construendum, habendum, perpetua quoque religione ordinandum et gubernandum libentissima devotione et promptissima voluntate contradidit (6). Cujus operis summa per prænominatum abbatem suæque educationis monachos, cum jam per divinam miserationem aliquantulam mereretur (7) percipere consummationem, voto supradictorum constat nostram pravitatem ad eamdem cellulam pontificali ex more accedere studuisse anno siquidem incarnationis dominicæ DCCCLVIIII, indicione VII (8), xv Kalendarum junii, cum plurimo confratrum et consacerdotum tam nostræ diocesis quam comprovincialis Bituricæ sedis, laicorum quoque nobilium nobiscum adunato collegio, relegentes atque rememorantes instrumenta a nobis et præfixis viris eidem loco conlata (9), regalis quoque dignitatis præceptum tuitionis et debitæ defensionis (10) ordinatione perpetua eumdem locum in honore et nomine summæ quam præmisimus Trinitatis et ineffabilis unitatis manifesto nomine totius mundi salvatoris, pro reverentia quoque sanctorum, solempni (11) opere constructum dotare (12) et consecrare per manus nostræ tenuitatis certavimus. Statuentes quoque pari (13) voto nec non unanimi assensu eorum quorum infrascripta habentur nomina ut quia, auctore Deo, devotio fidelium res suȩ (14) proprietatis divinis cultibus aptaverat atque delegaverat supra nominato Audachro reverendæ (15) vitæ abbati regularis institutio et monasticæ vitae per futura tempora, Christo

(1) *Cart. de Cormery* : Adalgudium.

(2) *Idem* : Trutgaudum.

(3) *Gallia christiana* : Moysem.

(4) *Cart. de Cormery* et *Gallia christiana* : Dei.

(5) *Cart. de Cormery* et *Gallia christiana* : monasticæ.

(6) *Cart. de Cormery* : tradidit.

(7) *Cart. de Cormery* et *Gallia christiana* : videretur.

(8) Ces deux mots manquent dans *Cart. de Cormery* et *Gallia christiana*

(9) *Gallia christiana* et *Cart. de Cormery* : collata.

(10) *Cart de Cormery* : defensionis debitæ.

(11) *Cart. de Cormery* et *Gallia christiana* : solemni.

(12) *Gallia christiana* : votare.

(13) *Cart. de Cormery* : pari quoque.

(14) Nous avons indiqué par le signe ˷ mis sous l'*e*, l'e cédillé ayant valeur de æ qu'on trouve concurremment avec l'æ et l'e simple dans les chartes de cette époque.

(15) *Cart. de Cormery* : venerandæ.

gubernante, ibidem maneat institutio (1), ita ut lus ordinis eccle-
siastici..... sociorum habent...... monastico Deo militaverit ordine (2) ad abatem praefixum suisque in eodem loco successoribus
pertineant (3). Præterea inserere placuit qualiter saepe dictus
Audacher (4) a nobis expetiit et studio caritatis (5) apud se
deliberavit ut idem locus, fratres quoque sub ejus regimine
ipsi loco (6) degentes, propter unitam (7) et inviolabilem in
utroque loco Cormaricensi et Villalupæ (8) fratrum filiorumque
suorum educationem, vitam quoque unanimem et inseparabi-
lem fraternitatem non aliqua necessitudine temporalis quaestus
vel cujuslibet dominii sed propter individuam quàm pæmisi-
mus caritatis copulam, ita ut heæ duæ, aliquantulo terrarum
spatio divisæ cellulæ, cella (9) velut una, sic uno eodemque
vinculo veræ. et inviolabilis caritatis (10) habeantur unitæ,
uno quoque potiantur abbate; ita ut, sicut unus pastor et pater,

(1) *Cart. de Cormery* et *Gallia christiana* : manet observatio.

(2) A partir de « ita ut, etc. » nous avons, sauf quelques lacunes, une leçon qui
diffère notablement de celle du *Cart. de Cormery* et du *Gallia christiana*,
dont voici le texte : *Præfatus denique abbas, maturius considerans, concessit
eidem sancto loco in dedicatione et augmento præfatæ basilicæ et hones-
tate ejusdem sanctae venerationis de rebus sui monasterii ecclesiam
scilicet sancti Aniani de Spaniaco in pago eodem sitam, cum omni inte-
gritate sua, ita ut ab illo die sub jure et potestate habitatorum ejusdem basilicæ Cormaricensibus subditorum consistat; cujus et nos imitantes exem-
pla, suggerente fidelium nostrorum clericorum sive laicorum benevolentia,
paratas ex predictis ecclesiis ab hac die illis concessimus quatinus deni-
ceps ibidem Deo servientes fratres pro salute nostra successorumque nostrorum totiusque christianæ religionis stabilitate rerum largitorem exo-
rantes plenius subsistere possint; synodum tamen propria attribuant
præsuli reliqua actuum suorum, morum et ordinationum quicumque in
ejusdem ecclesiæ loco sub monastico ordine Deo militaverit....*

(3) *Cart. de Cormery* et *Gallia Christiana* : suosque in Cormaricensi
loco successores pertineant, de terra vero ad eumdem locum pertinente medietatem decimæ accipiant.

(4) *Cart. de Cormery* ajoute : abbas.

(5) *Idem* : charitatis.

(6) Ces deux mots ne sont ni dans le *Cart. de Cormery* ni dans le *Gallia
christiana*.

(7) *Cart. de Cormery* et *Gallia christiana* : unitatem.

(8) *Cart. de Cormery* et *Gallia christiana* : Villa lupensi.

(9) Ce mot manque dans *Cart. de Cormery*.

(10) *Cart. de Cormery* : charitatis.

ita (1) unus fiat grex, unum idemque existat ovile. Quod si, quod absit (2), locus quem præmisimus Cormaricus, oppressione iniquorum vel quorumcumque præsidentium, judicium, ducum vel principum, aliorumve indebitam et irreligiosam per succedencia (3) tempora patitur (4) molestiam, oppressionem vel iniquam sui status (5) vexationem, ita ut monachos in ipso loco degentes ab ordine et religione vite suæ eadem quam prædixi mus commotione et agitatione (6) deviare conveniat, nec quiete ut servos decet Christi, sub proposito sancto in eodem valeant subsistere loco, hic (7) locus ab eadem oppressione, dominio et inlicita quam præscripsimus (8) vexatione habeatur inmunis (9), fiatque eis fraternæ susceptionis confugium, et præbeat unicæ caritatis (10) per omnia supplementum. Post hinc decrevimus nullam hunc (11) locum pro supra memorati (12) Cormarici oppressione pati calumniam, sed liberum (13), quietum et absque aliq [ua] (14) molestia eumdem manere volumus incuncussum. Sic et modo (15) si impia, ut prælibavimus (16), cupiditas Cormarciensis loci monachos perturbare et a statu suo non (17) formidaverit evertere, iste sub certæ libertatis nobilitate constructus, fundatus ac solidatus, in ordine quo deget subsistat inmotus (18), habeantque (19) licentiam fratres ejusdem loci sub regula sancti Benedicti et patrem prostituere (20) ac defensorem tutoremque loci secundum quod eos oportuerit et eis utile visum

(1) Ce mot manque dans *Cart. de Cormery* et *Gallia christiana*.

(2) *Gallia christiana* : adsit.

(3) *Cart. de Cormery* et *Gallia christiana* : succedentia.

(4) *Cart. de Cormery* et *Gallia christiana* : passus fuerit.

(5) *Cart. de Cormery* : et sui status iniquam.

(6) *Gallia christiana* : cogitatione.

(7) *Cart. de Cormery* : is.

(8) *Cart. de Cormery* et *Gallia christiana* : illicita quam prædiximus.

(9) *Cart. de Cormery* et *Gallia christiana* : immunis.

(10) *Cart. de Cormery* : charitatis.

(11) *Cart. de Cormery* : illum.

(12) *Cart. de Cormery* et *Gallia christiana* : memorata.

(13) *Cart. de Cormery* et *Gallia christiana* ajoutent : et.

(14) *Cart. de Cormery* et *Gallia christiana* : ulla.

(15) *Cart de Cormery* : Eo modo ut si.

(16) Ces deux mots manquent dans *Gallia christiana*.

(17) *Gallia christiana* : hos.

(18) *Cart. de Cormery* et *Gallia christiana* : immotus.

(19) *Gallia christiana* : habeant.

(20) *Cart. de Cormery* : præstituere.

fierit, suis utilitalibus consulentes in omnibus regulariter expos-
cere. Postremo super adve.......... abeatur et nullus abinc et
deinceps de ipsis quam præmisimus viginti fratribus aliquem
numero min.......... itatem sui numerum quoque superaddere
debberent, ita ut addant potius quam minuant, congregent... (1).
His igitur præmissis, statutis atque decretis, æquum nobis
visum est hanc nostræ pontificalis auctoritatis scripturam
facere quo et ipse locus auctoritatem suimet status præsto
habeat et si quid e contrario illicitum contra patrem vel fratres
ejusdem loci orieretur, hujus ecclesiasticæ auctoritatis judicio (2)
manifeste panderetur, quid eis concessum, quid stabili-
tum, quidve omnibus vel indultum vel prohibitum recto equita-
tis tramite foret (3). Ideoque hujus scripturæ tenorem illis tradidimus, manus nostræ subscriptione roboratum, plurimo-
rum quoque sacerdotum, canonicorum, fideliumque laicorum
manibus roborari (4) commisimus propter evellende futuræ
dissensionis (5) omnimodam calumniam et conservandam
æquitatis et totius sacræ religionis unanimitatem frater-
nam (6).

In Dei nomine Herhardus turonicæ sedis metropolis humilis archiepiscopus hanc ecclesiasticæ firmitatis auctoritatem
firmavi. — Maynerius humillimus omnium abbatum (7).
Autbertus *presbyter præsens fuit et subscripsit* (8). — Guichar-

---

(1) Il y a ici une différence très-importante entre l'original et les copies.
Nous n'avons malheureusement pas le texte original dans son intégrité ; d'après
ce qui nous reste le lecteur pourra néanmoins juger des modifcations appor-
tées à l'acte par les rédacteurs postérieurs. La phrase qui précède, depuis *postremo...* manque dans le *Cartulaire de Cormery* et le *Gallia christiana*.

(2) *Gallia christiana* : authoritatis indicio.

(3) Idem : feret.

(4) *Cart. de Cormery* et *Gallia christiana* : roborandum.

(5) *Cart. de Cormery* : defensionis. — *Gallia christiana* : dissentionis.

(6) Le *Cart. de Cormery* et le *Gallia christiana* ajoutent : Quapropter
obsecramus benevolentiam successorum nostrorum quicumque, auctore Deo,
nobis in hac sede pontificali successerint, ut hanc auctoritatem vel concessio-
nem, quam mente spontanea supradictæ basilicæ tradimus, ob cœlestis vitæ
amorem et sanctorum omnium reverentiam inviolatam conservare dignentur ;
ut si quam per hoc mercedem adipisci meruerimus, ipsi quoque nobiscum
ejusdem fieri mereantur participes.

(7) *Cart. de Cormery* et *Gallia christiana* donnent seulement : presbyter.

(8) Notes tironiennes. — Les signatures sont si différentes dans le Cart. de
Cormery, le Gallia christiana et l'original, sans qu'on puisse les faire concor-
der, que nous nous bornerons à donner celles de l'original avec les lacunes

dus].... fredus *diaconus subscripsit*... — [Adal]mannus diaconus *subscripsit*. — Gauzelmus diaconus *subscripsit*. —
Sulman[nus]... (1) ... *subscripsit*. — Ercanaldus presbyter *subscripsit*. — Baraldus presbyter *subscripsit*. — Ingenaldus
presbyter *subscripsit*... Lar.... presbyter *subscripsit*. - Gisle-
marus presbyter subscripsit. — Nivo presbyter *subscripsit*. —
Signum Altc[arii]. — Signum Erlu[ini] — Signum Frodulf[i]. —
Signum Badulf[i]. — Signum Beringarii. — Signum Frothardi.....
[Gun]berti. — Signum Sichelmi. — Signum Adraldi. — Signum
iterum Gunberti. — Signum... — [Sig]num Odilonis.... — Signum
Constantini. — Signum Ingelardi. — Signum Heraldi. — Signum...
— Signum Erloar.. — ... arii. — Signum Ermentei. — Signum
Hairoardi. — Signum Saroardi. — Signum...

[Data x]IIII kalendas junii, [anno] XVIIII, regnante Karolo rege
seren[issimo.] (2) — Audricus (3) licet indigne diaconus (4)
scripsit et *subscripsit*. — (Ruche.)

III. — ACCOMMODEMENT D'UN PROCÈS ENTRE L'ABBAYE DE MARMOUTIER ET LE CHAPITRE DE SAINT-MARTIN. — 908.

(Archives d'Indre-et-Loire, série H.
Carton Marmoutier. Haut., 0,460. Larg., 0,250).

Le texte de cette pièce a été donné par M. E. Cartier,
Mélanges historiques, p. 9-11. Il a accompagné ce texte d'une
dissertation sur la pièce et sur son importance, et d'un fac-
simile.

Nous nous bornerons à donner le texte des signatures,
texte très-inexactement établi par M. Cartier, qui n'a pas
tenu compte des notes tironiennes contenues dans cette
pièce.

qu'il contient. — Toutes les notations tironiennes sont, dans ce travail, repré-
sentées par des caractères italiques.

(1) Une ligne de signatures manque dans l'original.

(2) La date dans le *Cart. de Cormery* et *Gallia christiana* précède les signatures.

(3) *Gallia christiana* : Alaricus. — *Cart. de Cormery* : Aldricus.

(4) *Gallia christiana* et *Cart. de Cormery* : indignus decanus.

(5) Chrisma.

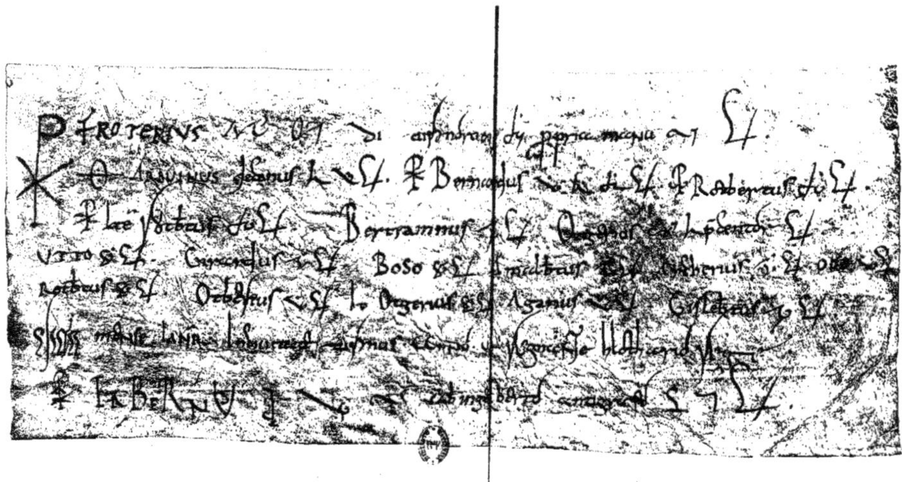

CHARTE DE L'ABBAYE DE ... À TOURS

— XP. (1) Rotbertus *sancti Martini basilice decanus et custos*, *indigne* canonicus *subscripsit.* — Telbaldus vicecomes *firmavit.* — Gualterius *firmavit.* — Ebulo vicarius *firmavit.* — Erlaldus decanus *subscripsit.* — Dodo levita *subscripsit.* — Fulcradus *firmavit.* — Ingelgerus *sacerdos subscripsit.* — Corvo vasallus probatus *firmavit.* — Adelelmus *sacerdos subscripsit.* — Amalricus *legis* lator qui exinde se recredidit *firmavit.* — Guichardus *firmavit.* — Herlenus. — Martinus.

Data viii Kalendas julii, anno domini DCCCC viii, regnante Karolo rege.

Ego Gauzlinus, *gregis beati Martini sacerdos ac scholarum magister, scripsi et subscripsi.*

La charte porte au dos des signes tironiens :

Instrumentum (2) *de pratis* Mercuriolo (3).

Et plus bas : De pratis quæ sunt Mercuriolo. *Turonis.*

Le texte de cette pièce était presque effacé; on l'a fait reparaître grâce aux acides.

IV. — CHARTE DE ROBERT, ABBÉ DE SAINT-MARTIN ET DE MARMOUTIER, RELATIVE AU RÉTABLISSEMENT DE L'INDÉPENDANCE DE MARMOUTIER. — 942.

(Archives d'Indre-et-Loire, série H, carton Marmoutier.
— Haut., 0,620, larg., 0,320.)

Il ne nous est parvenu de cette pièce qu'une copie du milieu du xi⁰ siècle, très-bien conservée; la charte elle-même a été imprimée dans Grégoire de Tours, édition de Laurent Bochel, 1610, appendice, page 153. — Cette transcription n'est pas toujours exempte de fautes, malheureusement.

(1) Chrisma.

(2) La manière d'abréger *instrumentum* par *irm*, employée ici, est très-rare.

(3) Merqueroil, nom primitif du lieu où fut bâti le prieuré de Fontcher, dans l'île de Berthenay. — M. Cartier n'avait pas identifié ce nom de lieu.

V. — CHARTE DE THÉOTOLON, ARCHEVÊQUE DE TOURS, RELATIVE A L'ABBAYE DE SAINT LOUP. — JUILLET 939.

(Archives d'Indre-et-Loire, série H. Carton St-Julien.—Haut., 0,520, larg., 0,210.
— Le parchemin est déchiré sur le bord supérieur à droite).

Cette charte concerne le don fait par Dodald à Bernier, de terres appartenant à l'abbaye de St-Loup, à charge de cens. — Elle porte au dos la mention : Concessio Teotolonis ad Bernerium. Elle a été publiée par M. Tarbé (Revue rétrospective : *Examen de diverses chartes*, etc., p. 8-9), sans les signatures et la date. — A. Salmon l'a éditée de nouveau (*Notice sur l'abbaye de St-Loup*, p. 15), et l'a accompagnée d'un fac-simile. — Elle a été comprise dans le Recueil des pièces originales publiées par les soins du ministère de l'Instruction publique sous le titre de *Musée des Archives départementales*, et y occupe le n° 12 (fac-simile, texte et commentaire.)

Elle est surtout remarquable par les caractères grecs qu'elle renferme dans les signatures, caractères qui se rencontrent assez fréquemment dans les pièces tourangelles de cette époque ; nous citerons à ce propos quelques lignes tirées du rapport de M. de Grandmaison, archiviste d'Indre-et-Loire (1878) :

« La Touraine est peut-être, de toutes les provinces de
« France, celle qui a conservé le plus de traces de ces hautes
« études. En effet, sans parler d'une pièce de 859 publiée par
« Dufour, mais sans les suscriptions, dont l'une cependant
« est en lettres grecques, nous rencontrons, dans le x° siècle,
« outre la charte de Théotolon, de 939, deux actes, l'un de
« 943, l'autre de 999, qui offrent la même particularité. Dans
« le dernier, non-seulement les lettres mais encore quelques
« mots sont empruntés à la langue hellénique, bien qu'ils
« aient pour la plupart la terminaison latine. Enfin on peut
« voir, dans une pièce de 1024, une dernière trace de la
« langue d'Homère, le mot grec *onomate* est placé dans le
« corps de l'acte au lieu de *nomine*, son équivalent latin. Il y

« a là sans doute un reflet de l'enseignement de l'école de
« Saint-Martin, fondée à la fin du viiie siècle par le célèbre
« Alcuin. »

Les notes tironiennes contenues dans ce document sont
aussi très-curieuses : elles n'ont pas toujours été exactement
lues par Salmon ; nous rectifierons sa lecture sur quelques
points :

P. 16, ligne avant dernière : *miseratione*. Le signe joint à l'м
est la terminaison *ne;* s'il y avait *misericordia*, on trouverait
une autre note tironienne.

P. 16, ligne dernière : *huic manu propria.*

P. 17, ligne 2 : *archipresbyter humilis abbas.*

P. 17, ligne 3 : *XP* au lieu de *in nomine domini Jesu Christi.*
Ce paraphe initial, qui se rencontre plusieurs fois sous différentes formes, ne paraît être autre chose que l'invocation mo-
nogrammatique dont la forme a été corrompue et agrémentée de
traits de plume. Dans de plus anciens diplômes la note représen-
tant « amen » s'y trouve plusieurs fois répétée ; ce *XP* contient
donc virtuellement la formule : *in nomine*, etc., mais on ne
doit le transcrire que par le monogramme, qui d'ailleurs a toujours eu cette signification.

P. 18, ligne 5 : lisez *XP* au lieu de *Christus.*

P. 18, ligne 1 : *Dei in nomine* ne paraît être qu'un paraphe
initial.

P. 18, ligne 1-2 : Lisez : *rogitus.*

VI. — CHARTE DE THÉOTOLON, ARCHEVÊQUE DE TOURS, RELATIVE A L'ABBAYE DE SAINT-LOUP. — AOUT 941.

(Archives d'Indre-et-Loire, série H. Carton St-Julien. — Haut., 0,480.
Larg., 0,30.)

Cette pièce est, comme la précédente, une concession faite
à Bernier de biens dépendant de l'abbaye de Saint-Loup ;
ces biens lui sont concédés par l'abbesse Hildegarde, à charge
de cens.

Elle a été publiée par A. Salmon, *Notice sur l'abbaye de*

St-Loup, p. 17, avec un fac-simile; comme la précédente elle offre la particularité de contenir des caractères grecs (signatures de Théotolon et d'Otbert, doyen); elle contient aussi de curieuses notations tironiennes, dans la lecture desquelles Salmon a laissé échapper quelques erreurs que nous relevons ici :

P. 19, ligne 1. Lisez : *miser:atione... rogitus.*

P. 19, ligne 4. Lisez : *humilis abbas,* comme dans la charte précédente.

P. 19, ligne 6. Lisez : *XP* au lieu de : *In nomine domini Jesu Christi.*

P. 19, ligne 7. Lisez : *XP* au lieu de : *Christus.*

P. 19, ligne 19. Lisez : *XP* Erbernus *indigne diaconus rogitus.*

Au dos on lit, d'une écriture contemporaine :

Cessio Teotoloni Bernerio et uxori ejus.

Et d'autres cotes modernes.

VII. — FRAGMENT DE 949.

(Greffe de Loches. — Haut., 0,077 ; larg., 0,150.)

Voici le texte de ce fragment, très-incomplet :

..... vatoris Dei, Joseph sanctae turonice sedis hu [milis] — notum et percognitum esse volumus cunctis fidelibus, archi... — presentibus scilicet ac futuris precipueque successoribus nostris — [A] raerius sacerdos uti victos ii et medietatem de vinea — uti aedificaverat et ex potestate Sancti Maximi — sancti Juliani monachos ob mominetum et re... —

Malgré les lacunes nombreuses que présente ce document, nous croyons reconnaître en lui une donation faite par Joseph II, archevêque de Tours, aux moines de Saint-Julien, à la prière du prêtre Arierius, de vignes appartenant à Saint-Mexme. Cette charte, d'après M. Hauréau (*Gallia Christiana*, XIV, p. 51), doit être datée de 949.

VIII. — CHARTE DE 959.

(Greffe de Loches. — Haut., 0,342, larg., 0,270.)

Nous avons conservé cette pièce entière, sauf les quatre ou cinq premières lignes, qui, heureusement, sont les moins importantes, étant remplies par des formules sans rapport direct avec le sujet. — Nous la croyons inédite; Gaignières, cependant, en avait eu connaissance et l'indique dans ses notes, ainsi que M. Hauréau (Bibliothèque nat., fonds franç., 17,047 f. 45; *Gallia Christiana*, xiv, col. 180). C'est la donation par l'archevêque de Tours, Frotier, aux moines de Saint-Julien, de biens situés dans les varennes de Tours, et dépendant de l'abbaye de Saint-Vincent. — Elle contient des détails intéressants pour la topographie. Elle est très-bien conservée, et les signatures renferment de nombreuses notations tironiennes, très-curieuses à étudier, dont nous donnons un fac-simile.

Voici le texte de cette charte :

. . . .

dinem humiliter deprecantes uti ex vineis et terris quas quidam homines de potestate nostræ matris ecclesie sub censuum institutione a predecessoribus nostris adquisierant et eis pro redemptione animarum suarum per diversa loca contulerant ad sancti Juliani monasterium et sibi easdem res pro majoris rei firmitate per hanc auctoritatem concedere et confirmare dignaremur. Quorum omnium monáchorum deprecationem non superfluam sed ratam et perutilem cognoscentes, concessimus eis ex potestate nostre matris ecclesie, videlicet ex abbatia sancti Vincentii (1), quam ad presens in nostrum dominum tenere visi sumus, medium arpennum de vinea; quem quidam homo, nomine Isembaldus, et uxor sua eis contulit. Est autem situs in illis varenis que conjacent in circuitu turonice urbis. Terminatur de duabus partibus terra ejusdem potestatis, et de duabus aliis partibus [terra] sancti Stephani (2) sive sancti

____

(1) Cette église, fondée au vi⁰ siècle, fut au x⁰ successivement dépouillée d'une partie de ses possessions en faveur des autres abbayes voisines.

(2) L'église Saint-Étienne, dans le faubourg méridional de Tours, remonte à une très-haute antiquité.

Martini Majoris monasterii. Concessimus etiam eis in alio loco
in eisdem varenis de vinea arpennum ı et medium; quam
vineam (1) Gislebertus, fidelis noster, eis dedit in eo loco
qui dicitur « ad duos montes »; terminatur de totis partibus terra
de eadem sancti Vincentii potestate, et in tertio loco arpennum
ı et medium quarterium similiter de vinea in ipsis varenis sita,
quam Ermenardus presbiter eis dedit; terminatur ex totis partibus terra de supradicta sancti Vincentii potestate cum via publica. Præterea confirmavimus eis in quarto loco de vinea
arpennum ı et quarterium ı et perticas ıııı, quam quidam homo
nomine Bernardus eis obtulit; est autem sita prope suburbium
turonice urbis; terminatur ex omnibus partibus terra similiter de
supradicta potestate. Sunt autem insimul arpenni ıııı et quarterius ı et medius quarterius. Quos quidem ad prescriptum sancti
Juliani monasterium sive ad monachos ipsius loci domino famu-
lantibus ea ratione concedimus, ut habeant licentiam desuper
quicquid melius elegerint meliorandi, solventes exinde annis
singulis ad festivitatem sancti Vincentii, que celebratur xı Kal.
febr., nobis et successoribus nostris censum solidorum ıı, et
eis amplius non requiratur aut exigatur; sed sub tali censu
libere ac quiete possideant. Si autem de eodem censu tardi aut
neglegentes reperti fuerint, idipsum dare studeant, et quod
tenuerint non ideo amittant. Precamur interea successorum
nostrorum clementiam ut, sicuti sua facta, que pro amore omnipotentis domini fecerint, stabili voluerint vigore persistere, ita
hæc nostre pravitatis gesta sinant permanere intacta et inviolata.
Ut autem hæc auctoritas firmior sit, firmiorque permaneat,
manibus propriis eam subter firmavimus et ad canonicos
nostre matris ecclesie manibus propriis adfirmare rogavimus.

xP. — Froterius, *miseratione omnipotentis Dei* Turonorum
archiepiscopus, propria manus *rogitus subscripsit.*

Θ Arduinus decanus *atque abbas subscripsit.*

X P. — Bernardus *decanus* (2) atque *archipresbyter subscripsit.*

P Ω. — Rotbertus *archidiaconus subscripsit.*

X P. — Item Rotbertus *archidiaconus subscripsit.*

Bertramnus *presbyter subscripsit.*

Otgerius *sacerdos atque* precentor *subscripsit.*

Utto *subdiaconus subscripsit.*

Girardus *presbyter subscripsit.*

Boso *subdiaconus subscripsit.*

Amalbertus *presbyter subscripsit.*

Archerius *presbyter subscripsit.*

(1) Mot exponctué.
(2) Peut-être plutôt *diaconus.*

Odo *diaconus subscripsit.*
Rotbertus *subdiaconus subscripsit.*
Otbertus *diaconus subscripsit.*
Item Otgerius *subdiaconus subscripsit.*
Aganus *diaconus subscripsit.*
Gislebertus *acolythus subscripsit.*

Data mense januario, in civitate Turonus, anno V regnante Hlothario rege.

XP. — Erbernus *indignus diaconus rogitus* ab Ingelberto antigrafo *scripsi et subscripsi.*

Au dos : Donatio Froterii archiepiscopi de terris in circuitu Turonis monasterio sancti Juliani.

Écriture du x° siècle : Carta quam fecit Froterius monachis sancti Juliani de quibusdam rebus Sancti Mauricii.

IX. — CONCESSION PAR HUGUES CAPET A SON VASSAL HAYMON DE BIENS APPARTENANT A MARMOUTIER. — 10 AVRIL 970.

(Archives d'Indre-et-Loire, série H, carton Marmoutier. — Haut., 0,442. Larg., 0,180)

Cette pièce a déjà été publiée, avec un fac-simile partiel, par **M. E. Cartier**, *Mélanges historiques*, 1842, p. 19-20. — Le texte qu'il donne est exact, sauf les signatures qui sont très-mal reproduites; les notes tironiennes, fort nombreuses dans cette pièce, ont été complètement négligées par lui. Nous donnerons ici les signatures dans leur intégrité :

Ecce crux † ... *mihi...*
Signum sanctæ crucis domni † Ugonis.
Signum Haymonis *qui fleri deprecatus est.*
Godefredus *legatus* (?) atque decanus tangendo *firmavit.*
Arduinus *archiepiscopus subscripsit.*
Constantius *diaconus atque precentor* (1) *subscripsit.*
Arnulfus *sacerdos subscripsit.*
Gualterus *presbyter subscripsit.*
Bertrannus presbyter subscripsit.
Hildoardus *sacerdos subscripsit.*
Itē (2) itemque Arnulfi *diaconi subscripserunt.*

(1) p͝p = pr ? ou p͝p = præpositus?
(2) Nom d'homme.

Rainaldus atque iterum Rainaldus *diaconi subscripserunt.*
Rotbertus *presbyter subcripsit.*
Martinus diaconus subscripsit.
Gauzcelinus *clericus subscripsit.*
Haimardus *diaconus subscripsit.*
Adelelmus *subscripsit.*
Guido *basilice clericus subscripsit.*
Gislden episcopus Brittanorum *subscripsit atque firmavit.*
Data est *autem* hæc auctoritas un idus aprilis, anno xv, regnante Hlothario rege.
Ecce crucem quam fecit Tetbaldus comes. †.
Ego † Hingmarus *gregis sancti Martini* licet *indigne sacerdos rogitus scripsi et subscripsi.*
Ecce crucem † Oddonis filii sui.

X. — CHARTE DE 979 OU 980.

(Archives d'Indre-et-Loire, série H. carton Marmoutier.
— Haut., 0,240. Larg., 0,190.)

L'original de cette pièce, dont le texte suit, nous est parvenu sans la date, qui a été mangée par le temps. — Elle a été analysée par D. Housseau : « Charte de Uddo, doyen, d'Har« douin, archevêque de Tours et trésorier de Marmoutier, et « de la congrégation du dit lieu, qui donnent en précaire au « diacre Rainaud certains biens dépendant de la manse des « dits religieux : scilicet terram sitam in pago Turonico, in « potestate S. Martini Majoris monasterii, in villa Econ« siaco. « (D. Housseau, I, 185.)

Le dernier mot seul de cette analyse est fautif ; l'original porte « Cansiaco. » — La date de la pièce n'existait plus dès l'époque où D. Housseau la vit ; nous avons cru pouvoir la déterminer à deux années près.

Parmi les personnages cités dans cette pièce, l'archevêque de Tours, Hardouin, occupa le siège archiépiscopal de 959 au 1er mai 980, date de sa mort (1), et le prévôt Ascelin nous est connu par une charte datée de la 27° année du règne de

_____
(1) *Gallia christiana,* XIV, col. 53-4.

Lothaire, tandis que l'année précédente (26ᵉ année de Lothaire) il n'était pas encore prévôt (1).

Il y a donc tout lieu de croire que notre charte a été écrite entre la 72ᵉ année de Lothaire et le 1ᵉʳ mai 980. Il reste à choisir le point de départ des années du règne de Lothaire ; nous rejeterons la date ordinairement adoptée du 12 novembre 954, qui donnerait le 12 novembre 980 comme commencement de la 27ᵒ année de Lothaire, ce qui est inadmissible, puisque à cette époque Hardouin était déjà mort.

La date de 952, date de l'association de Lothaire au trône par son père, nous paraît préférable; elle coïncide avec la défaite des Saxons qu'une pièce nous donne comme survenue la 26ᵉ année de Lothaire (2) et qui eut bien lieu en 979, d'après Richer (3).

Notre charte peut donc être datée, croyons-nous, de 979 ou de 980, avant le 1ᵉʳ mai. En voici le texte :

In nomine Domini summi salvatoris, nos quidem fratres gregis incliti confessoris Christi beati Martini Majoris monasterii, videlicet Huddo decanus, Arduinus thesaurarius idemque archiepiscopus, Ascelinus prepositus ceterique alii, notum immo et percognitum fore volumus cunctis sanctæ Dei ecclesie fidelibus, quoniam deprecatus est nos quidam diaconus, nostræ congregationis canonicus, nomine Rainaldus, uti ex rebus mensæ fratrum pertinentibus, scilicet inter terram et vineam, aripernum I et medium sub institutione census annuatim reddendum per hujus nostræ auctoritatis testamentum concederemus. Cujus deprecationem benigne recipientes, concessimus ei predictam terram sitam in pago Turonico ex potestate sancti Martini Majoris monasterii in villa Cansiaco (4). Terminatur ab una parte

(1) D. Martène. *Histoire de Marmoutier*, I, p. 194; le texte de cette pièce est dans le manuscrit nᵒ 384 de la Bibliothèque de Tours, page 107 (preuves de l'Histoire de Marmoutier de D. Martène).

(2) D. Housseau, I, 227. — D. Martèn *H.* de *Marmoutier* I, p. 194. — Une note manuscrite des archives d'Indre-et-Loire confond cette pièce avec celle que nous publions. C'est une erreur qu'il importe de relever.

(3) Richer, l. III, ch. LXVIII. — C'est dans cette expédition que Lothaire déjeuna à Aix-la-Chapelle de ce qui avait été préparé pour son adversaire.

(4) Chouzy, d'après D. Martène (Hist. de Marmoutier, I, 194), attribution que nous avons tout lieu de croire fausse.

terra quam tenet Isaac, et de aliis duabus partibus terra ex ipsa potestate, quarta vero fronte via publica. Infra istas terminationes totum et ad integrum memorato Rainaldo pleniter concessimus ut habeat licentiam possidendi, vendendi, donandi vel quicquid melius elegerit faciendi. Studeat etiam exinde annis singulis ad missam sancti Martini autumpnalem solvere censum denariorum vɪ, et ei amplius non requiratur. Et si de eodem censu tardus aut neglegens repertus fuerit, id ipsum ei liceat emendare, et quod tenuerit non ideo cogatur amittere. Ergo ut hujus manus firmæ indiculum a nobis certius credatur esse factum, et a successoribus nostris inviolabiter conservetur, manibus propriis ipsum tangendo firmavimus adque corroboravimus.

Huddo decanus *firmavit atque subscripsit.* — Arduinus *archidiaconus* idemque *archiepiscopus firmavit...... atque subscripsit.* — Ascelinus *canonicus* atque prepositus *subscripsit...... atque sacerdos subscripsit...* Constantius..... Rotberti...... (1).

XI. — CHARTE DE FONDATION DE TAVANT. — 987.

(Archives d'Indre-et-Loire. Série H , carton Marmoutier. — Haut., 0,545. Larg., 0,380. — Bibliothèque de Blois. 17° carton, supplément des archives particulières de Blois. —Haut., 0,260. Largeur., 0,400.)

Nous avons de cette charte deux copies très-anciennes ; celle des archives d'Indre-et-Loire nous paraît être du xɪ° siècle, et celle de Blois de la même époque à peu près.

Cet acte a été indiqué dans Mabillon, *Annales ordinis S. Benedicti* ɪv, p. 269, et dans le *Gallia Christiana*, xɪv, p. 194, et publié par M. de Martonne, d'après le texte de Blois, dans la Bibliothèque de l'École des Chartes (4° série, ɪv, p. 365), avec les variantes qu'il a tirées de copies faites par D. Martène, Gaignières et D. Housseau. L'éditeur n'a pas connu le texte des archives d'Indre-et-Loire. Il lui eût donné quelques leçons nouvelles, quoique sans grande importance. Ainsi la date ne contient pas les mots « regnante Ugone » du texte de Blois, et porte seulement. « Data mense decembrio apud Blesis, anno primo Hugonis regis. » Enfin le titre

(1) Le reste manque.

de la pièce de la Bibliothèque de Blois : « Carta de alodio, etc., » n'existe pas dans la copie de Tours.

De l'examen attentif du texte des trois copies faites par D. Martène, Gaignières et D. Housseau, et de leur comparaison avec les deux textes de Blois et de Tours, il résulte que le texte de Blois est évidemment le moins bon, et n'a pas servi aux trois copies dont nous venons de parler; elles ont été prises sur le texte de Tours, avec beaucoup d'exactitude toutes trois, mais la copie de Gaignières est d'une exactitude encore plus scrupuleuse que les deux autres.

Quoique nous n'ayons que des copies de l'acte de fondation de Tavant, nous les avons cependant mentionnées parce que ce sont des copies très-anciennes, presque contemporaines de la fondation du prieuré.

XII. — CHARTE D'ARCHAMBAUD, ARCHEVÊQUE DE TOURS, RELATIVE AU LAVOIR. — SEPTEMBRE 991.

(Haut., 0ᵐ,630. Larg., 0ᵐ,300.) (1).

Cette pièce, d'une conservation parfaite et d'une très-belle écriture, n'a pas été publiée (2), croyons-nous ; elle concerne un échange en faveur de l'abbaye de Marmoutier, qui reçoit le moulin du Lavoir et ses dépendances contre d'autres biens situés aux environs de Tours, qu'elle abandonne au bénéficiaire. Nous donnons ici le texte de cet acte, dont les signatures contiennent des notes tironiennes curieuses :

Pro communi compendio ac utrorumque utilitate placuit atque convenit inter venerabilem domnum Archembaldum, sanctæ matris ecclesiæ turonensis archiepiscopum, necnon et quendam sancti Martini Majoris monasterii abbatem, Bernerium nomine, ut inter loca sibi commissa quasdam terras commutare deberint, quod et fecerunt, ortantibus et deprecantibus fidelibus

(1) Nous devons la connaissance de l'original à une bienveillante communication.

(2) Elle est copiée dans le fonds D. Housseau, I, nᵒ 254, mais non entièrement ; et dans les preuves de l'Histoire de Marmoutier de D. Martène (Bibl. de Tours. ms. nᵒ 384).

suis, maxime tamen Rotberto ex cujus beneficium pertinebat, id est de abbatia ecclesie sancti Vincencii quæ est sita in suburbio turonicæ urbis. Dedit igitur domnus Archembaldus archiepiscopus, et fidelis suus Rotbertus supranominato abbati ex rebus sibi commissis in pago turonico, videlicet ex ipsa abbatia, in loco quem vocant Lavatorium (1) super Agneris fluvium, hoc est arpennos ii de terra arabili, et de prato similiter arpennos ii, cum farinarium unum super jamdicto Agneris situm. Terminantur ex totis partibus terra ipsius potestis (*sic*). Econtra in compensatione ac merito ejusdem terræ et aqua, dedit prelibatus abba Bernerius de rebus ipsius monasterii partibus sancti Mauricii matris ecclesie Turonensis vel venerabili archiepiscopo Archembaldo sive Rotberto ipsius terre beneliciario ac successoribus suis, ipsius scilicet terre dominis, in ipso pago turonico, ex curte videlicet Bria (2), in villa quem vocant Mortariumduno (3). Terminatur e totis partibus terra ex ipsa potestate, id est de vinea arpunum i et medium cum quadam domo et torculari in ipsa sito. Haec vero omnia supranominata pars parti sibi invicem tradiderunt atque per loca determinata consignaverunt habendi, tenendi, commutandi, nec non jure proprietario possidendi, ita ut supranominatus abba Bernerius res quas a venerabili domno Archembaldo archiepiscopo et Rotberto accepit, habeat, teneat, excolat atque possideat, faciat ex eis sicut et de ceteris rebus sancti Martini sibi juste et legaliter traditis ; domnus vero Archembaldus archiepiscopus res, quas a supradicto abbate accepit, habeat, teneat atque possideat, faciatque inde velud de reliquis rebus ecclesiæ sibi commissæ. Si autem aliqua emissa fuerit persona quæ contra commutationes [=] has venire aut quolibet modo inquietare vel infringere temptaverit, nullatenus illud evendicare valeat, suaque repetitio omnimodis effectu careat, sed hae duæ commutationes uno tenore conscripte nostris nostrorumque utriusque ordinis fidelium manibus corroboratæ per succedencia tempora maneant inconcussæ.

XP. — Archembaldus, *miseratione Dei Turonorum archiepiscopus*, hae due commutationes propria manu firmavit.

(1) Le Lavoir, commune de Veigné, canton de Montbazon, sur l'Indre.

(2) Bria, plus tard Saint-Barthélemy, commune de Saint-Symphorien, canton et arrondissement de Tours. — Voir le Dictionnaire de M. de Busserolle, au mot: BARTHÉLEMY; *Mém. de la Soc. de Touraine*, XXVII, 143.

(3) Le Mortier, commune de Saint-Symphorien. On lit dans l'Inventaire du fonds D. Housseau (n° 254) : In via quem vocant Mortarium. Il est inutile de faire remarquer l'intérêt qu'il y a de rétablir le mot *villa* et la terminaison *dunum*.

† Signum Rotberti qui has commutationes fieri deprecatus est et ipse sub signo sanctę crucis firmavit.

Signum Rorgoni (?) et Sanctionis filiorum ipsius Rotberti et ipsi propriis manibus firmaverunt.

XP. — Hugo decanus *atque* vicecomes *subscripsit.*

Froterius edituus *atque* archiclavis *subscripsit.*

Boso *diaconus atque archidiaconus subscripsit.*

Bernerius *diaconus subscripsit.*

Rainaldus *subdiaconus atque* precentor *subscripsit.*

Ingelbertus prepositus *subscripsit.*

Otbertu(s) *diaconus subscripsit.*

Mainerius *subdiaconus subscripsit.*

Dodaldus *presbyter subscripsit.*

Rotbertus *diaconus subscripsit.*

Fredricus *subdiacomus subscripsit.*

Otgerius *sacerdos subscripsit.*

Item Hugo *subdiaconus subscripsit.*

Guarnerius *presbyter subscripsit.*

Rodulfus *clericus subscripsit.*

Item Rotbertus *clericus subscripsit.*

Signum Gelduini.

Signum Corbonis.

Signum Gualterii.

Signum Solionis.

Signum Guandulberti.

Signum Rucherii.

Signum Rainaldi.

Signum Guarnerii.

Signum Eradi.

Signum Rotberti.

Data mense septembris, in civitate Turonus, anno incarnationis dominice DCCCCXC I, sive anno V regnante Hugo rege.

XP. — Adalgerius *licet indigne sacerdos rogitus* ab Ingel-berto antigrafo *scripsit et subscripsit.*

XIII. — FRAGMENTS DE 994.

(Greffe de Loches, hauteur, 0,360; largeur, 0,096; — hauteur, 0,140; largeur, 0,293. Ces deux fragments, dont le premier contient le commencement de toutes les lignes de la charte, et le second le bas de la pièce dans toute sa largeur, nous permettent de restituer les dimensions de l'acte dans son intégrité. — Hauteur, 0,500; largeur, 0,293.)

La pièce à laquelle appartiennent ces fragments a été connue de Gaignières, qui en a donné une copie (Bibl. nat.,

fonds latin, 5443, f° 39.) Cette copie, assez fidèle, nous a permis de restituer le texte entier de l'acte ; nous avons mis entre crochets les mots rétablis d'après la copie.

La date de la pièce est entière (20 mai 994) ; elle ne coïncide avec la 8ᵉ année de Hugues Capet qu'à la condition d'admettre que l'élection de Hugues à la royauté ait été faite avant le 20 mai 987, ce qui n'est pas impossible. La chancellerie, à cette époque, commettant de nombreuses erreurs dans l'emploi des divers éléments de date, il n'y aurait pas lieu de s'étonner de ces divergences.

In nomine summi [salvatoris Dei Odo, gratia omnipotentis Dei Turonorum] comes, notum immo [et percognitum esse volumus cunctis fidelibus sanctæ Dei ecclesiæ, presentibus] scilicet ac futuris, pre[cipueque successoribus nostris, quoniam deprecatus est nos quidam vassalus] ac fidelis noster, nomine [Gualterius uti ex rebus beneficii sui quod de nobis tenere videtur ex commi]tatu Turonicæ urbis per[tinentem, videlicet de illa catena hoc est arpennos II de vinea quos Vivianus] ad monachos sancti Juliani [qui consistunt in suburbio Turonice urbis, contulit perpetualiter] ad habendum sub institutione [census annuatim reddendum per hujus nostre auctoritatis testamentum] concederemus. Cujus deprecatione[m benigne recipientes, concessimus jam dictis monachis supra libati sancti] Juliani prefixos arpennos II de vinea, [sitos in pago Turonico, in illis varenis quæ conjacent in circuitu Turo]nicæ urbis, non longe a loco que [dicitur Villa nova. Terminantur de una parte terra ipsius potesta]tis, et de alter[a] parte terra [sancti Hilarii ex beneficio Guandalberti et de duabus aliis partibus terra] sancti Salvatoris (1), cujus capella est si [ta] infra muros Turonice civitatis quam tenet Ingelbertus prepositus]. Eo etiam modo concedimus eis preno[minatos arpennos II de vinea ad jam dictos sancti Juliani monachos ut habeat] licentiam desuper ædificandi, [plantandi, construendi, et quicquid melius elegerint emeliorandi], solventes exinde annis singulis [ad festivitatem sancti Briccii, quæ celebratur idus novembris, Gualterio fideli nostro, sive] successoribus suis qui eandem terra[m de illa prelibata catena in manu sua tenuerint censum dicitur (2) XII, et eis] amplius non requiratur aut exi[gatur sed sub tali censu libere ac quiete teneant et possideant nemine] inquietante atque contradicente] :

(1) Il ne faut pas confondre la chapelle de St-Sauveur, située dans l'enceinte de Tours, avec celle qui était au delà de Beaumont-lès-Tours.

(2) Le texte donne *dicitur* ; nous croyons qu'il faut lire : *denariorum*.

et si de eodem censu tardi aut negligentes reperti fuerint, id
ipsum emen]dare studeant, et quod tenuerint non [ideo amittant, habeantque licenciam dandi, vendendi, relinquendi,] et
quodcumque melius voluerint faci[endi. Ut autem haec auctoritas firmior sit firmiorque permaneat, manu pro]pria eam'
subter firmavimus, [manibusque fidelium nostrorum adfirmare
rogavimus.

Odo, Turonorum [comes hoc signum confirmationis fecit.] —
Signum Guilelmi comitis [nepotis ejus. — Signum Gualterii qui
hanc auctoritatem] fieri deprecatus est et ipse [firmavit —
Signum Hucberti. — Signum Atonis]. — Signum Gelduini. —
Signum [Guicherii. — Signum Rotberti. — Signum item Rot-
berti.] — Signum Amalrici. — Signum [Acfridi, fratris ejus. —
Signum Erberti. — Signum Solionis]. — Signum Corbonis. —
Signum [Guarnerii. — Signum Aimerici. — Signum Gauzfridi]. —
Signum Odulgerii. — [Signum Ervei. — Signum Adonis. —
Signum Hugonis. — Signum Theoderici]. — Signum Ardradi. —
[Signum Drogonis. — Signum Guarini. — Signum Geilonis. —
Signum item Hugonis.] — Signum Guarnaldi. — Signum Fro-
donis. — Signum Helgodi. — Signum item Hugonis.

Data mense maio, die pentecostes, in civitate Turonis, anno
incarnationis dominicæ DCCCCXCIII, sive anno VIII regnante Hugo
rege.

XP. — Adalgerius indignus *sacerdos rogitus* ab Ingelberto
antigrafo *scripsit et subscripsit.*

XIV. — CHARTES DE BOURGUEIL.

(Archives d'Indre-et-Loire. Série H. Carton Bourgueil).

I. — CHARTE DE FONDATION DU MONASTÈRE DE BOURGUEIL PAR
EMMA, COMTESSE DE POITIERS. — 990.

(Hauteur, 0,500. Largeur, 0,780).

Cette charte est, sinon l'original, du moins une copie contemporaine de l'acte de fondation du monastère. Nous la
croyons inédite ; elle a été copiée par D. Housseau, I, n° 240,
et par Gaignières, vol. 192, p. 111-113 et 253. Le *Gallia
Christiana* (1re édition), IV, p. 202, et D. Morice, *Preuves de
l'Histoire de Bretagne*, I, col. 35, en ont donné des fragments.
En voici le texte :

Magno munere ineffabilis Dei clementie multiplicantur gaudia dum constitutio apostolica eo stabilitatis viget tenore quo illam apostoli apostolorumque successores salubri consilio statuendam censuerunt vita sibi comite, set dum venenosa antiqui hostis cotidianis inpugnationibus perturbatur astutia (heu pro dolor!) non modici meroris nubilo omnis obfuscatur universorum fidelium mater ecclesia. Quapropter nullatenus ab institutionis apostolicæ fidelissimo tramite vel ad modicum opere precium congruit nos deviare, sed in eo regalis vite quadrata soliditate spiritualiter persistere in eo demum elaborando desudare, quathenus nobile fundamentum status prefatæ matris ecclesie inviolabile valeat perdurare, tutissimo illius opitulationis juvamine, qui est lapis angularis parietis utriusque; etenim quemadmodum fluctuante undivago æquore, amisso remi subsidio, cujuspiam navicule multiplicium mercium quantitatibus replete fune disrupta undarum cumulis anchoræ mergitur jam jamque carina periclitando .pessum dantur simul et omnia adquisita negotiationum commercia. Non aliter si labe factari ceperint columne ecclesie quæ super bases argenteas stabilite describuntur in Salomone, nimirum dicto cicius tabescet atque subruetur ædificatio regie aulæ in cujus reclinatorio aureo regis perpetui capud acclinet debeat requiescere. Set quia super bone nostræ actionis semine inimicus homo antiquus videlicet humani generis infestator circum circa super spargere non desinit per membrorum suorum captiosorum hominum invidie zizania quicumque istiusmodi voluntatis a Christo præventus fuerit gracia oculatum illud atque prophaeticum ante et retro debet effici animal legalisque instrumenti auctoritatibus que Dei et sanctorum illius terrenorum commodorum obtulerit cultoribus, ne deinceps calumpniæ quibus collata fuerint patiantur controversiam alicujus inconvulse descriptionis tenorem procurare festinet his quanto tuis. Quamobrem ego Hemma, licet non meis meritis, tamen preunte divina clementia humilis Pictavorum committissa, notum fieri cupio cunctis fidelibus sancte Dei ecclesiæ fidelibus (*sic.*), presentibus scilicet atque futuris, diversi ordinis diversequæ ætatis utriusque sexus, meum quoddam monasterium in mea curte Borgolio construxisse in honore videlicet sancte trinitatis atque immense, ejusdem majestatis necne et beati Petri apostolorum principis, seu omnium sanctorum Dei sub norma videlicet sancti Benedicti quatænus boni monach....... nuili valdeque religiosi pro statu sancte matris ecclesie regi regum feliciter inibi queant militare. Trado denique ad ipsum monasterium ipsam curtim cum omnibus suis abjacenciis, scilicet villis, molendinis, vineis, pratis, silvis, terris cultis et incultis, quesitis et adquirendis, et cum omnibus rebus ad ipsam curtim et ad eandem potestatem pertinentibus, et trado ad ipsum monasterium, in pago pictavo, dimidiam curtim de Cassanias (1) et mediam ecclesiam ejusdem curtis, et quicquid ad medietatem curtis et ecclesie pertinere videtur. Item cœdo ad eundem cœnebium dimidiam curtim de Vosalia (2) et totam ecclesiam. Set placet nobis inscripturarum seriæ aliquid inserere, quod non debet fœnestella scriptu preterire, quia pro quibusdam rebus, scilicet pro terris censivis, volumus ut monachi ejusdem loci singulis annis ad festivitatem omnium sanctorum solvant censum quinque librarum canonicis Sancti Hilarii. Item trado ad ipsum locellum quandam ecclesiam super rippam Ausancie, nomine Magniacum, cum pratis, molinariis, vineis, decimis et quicquid ad ipsam pertinere videtur. Item cedo villam que dicitur Cigon (3), juxta ripam ejusdem Ausancie, cum pratis, terris, molinariis, vincis, et quicquid ad ipsam pertinere videtur (4). Et in alio loco item cedo alodum meum qui dicitur Ciliacus et ipsam ecclesiam, cum silvis, pratis et mancipiis et quicquid ad ipsam pertinere videtur. Et in alio loco item cedo alodum meum qui dicitur Carvas et quicquid ad ipsam pertinere videtur. Cognoscens quippe non ex me hoc mihi accedisse, set precedente hac subsequente clementia ipsius a quo omne datum obtimum et omne donum perfectum. . . . . psimus. Incoavimus perficere quod desiderio flagrabat mente, unde, venerande papa noster domine Johannes, dirigimus vestram paternitatem hoc privilegium ad confirmandum et corroborandum, ut vestri honomate vestrique signi tactu et imperii nutu, omni tempore inconvulsum maneat et stabile ; futurorum autem apostolicorum non corpore set mente provoluta, precor ut si quis, cujuspiam fraudis nequicia vel cupiditatis face accensus proterva, hoc privilegium infringere voluerit, sua excommunicacione ligatus, iram Dei omnipotentis, scilicet sancte trinitatis ejusdemque immense majestatis beatique Petri apostolorum principis, omnium que sanctorum Dei incurrat ; quicumque autem diabolici instinctus temerario

(1) Chasseignes, Vienne, arrondissement et canton Loudun, commune Mouterre-Silli.

(2) Vouzailles, Vienne, arrondissement et canton Mirebeau.

(3) Sigon, Vienne, arrondissement et canton Poitiers, commune Migné, sur l'Auzance.

(4) Les diverses possessions cédées par Emma dans cet acte à l'abbaye de Bourgueil, lui avaient été données par Guillaume d'Aquitaine, son mari, en 989. — V. Tarbé, *Examen crit.*, p. 23-24, qui donne le texte complet de cette donation d'après l'original.

provocatus ausu, huic nostre auctoritatis singrafo refragationis obicem protervum ingerere nisus fuerit, excommunicationis atque anathymatis eum, ex auctoritate summe et vivifice trinitatis, patris et filii et spiritus sancti, innodamus vinculis atque alienum facimus a consorcio beate Mariæ ejusdem genitricis beatiqne Petri apostolorum principis omniumque sanctorum Dei. Si autem aliquis ex prefatis rebus Deo et sancto Petro ceterisque aliis sanctis concessis sine voluntate monachorum prefati cænobii aliquid inquietare voluerit, cum Juda, Domini proditore, Anna et Caïpha atque Pilato, atque Dathan et Habiran, damnationem perpetuam accipiat, nisi cum satis [datione] emendaverit.

Hec scriptio facta et ante nostram presentiam adducta ; mox ut eam vidimus et perlegimus, roboravimus et firmavimus et manu nostra in ea scripsimus in superiori versu, stabilientes ut perpetuo sit firma et roborata et quisquis ab ea aliquid minuare vel fringere temptaberit, fiat anathematizatus et cum Juda proditore dampnatur; conservator autem hujus nostre jussionis omni benedictione repleatur.

Anno ab incarnatione Domini nostri Jehsu Christi DCCCCLXXXX, indiccione quoque tercia (1).

II. — CONFIRMATION PAR HUGUES ET ROBERT DE LA FONDATION DE BOURGUEIL. — 994.

(Hauteur, 0,435. Largeur, 0,330.)

Cette charte est la confirmation par Hugues et Robert de la fondation par Emma, femme de Guillaume III, comte de Poitiers, du monastère de Bourgueil. Elle est indiquée dans le *Gallia Christiana* (1re édition), IV, p. 202, dans D. Bouquet, *Rerum gall. script.*, IX, p. 9, et dans Mabillon, *Annales Benedic.* IV, col. 63 ; elle a été imprimée par Besly, d'après le cartulaire de Bourgueil (*Histoire des comtes de Poitou*, p. 277-8), et par D. Bouquet, *Historiens des Gaules*, x, 563. — Des fragments ont été imprimés dans Labbe, *All. chronol*, II, p. 148 ; Labbe, *Conc.*, IX, p. 742; Hardouin, *Conc.* VI, pars. I, p. 729 ; *Gallia Christiana* 1re (édition), IV, p. 203. Le texte conservé aux archives de Tours ne semble pas être

____

(1) Caractères majuscules.

l'original, mais une copie très-ancienne, presque contemporaine.

Nous avons conservé la date de 994, faute de pouvoir donner une date exacte. Cette date concorde bien avec les divers éléments chronologiques de la pièce, mais la mort d'Eudes, survenue en 995, et mentionnée dans l'acte, la rend inadmissible. Les autres systèmes proposés ne nous semblant pas plus plausibles, nous avons maintenu la date de 994. — V. sur ce point : A. de Salies : *Histoire de Foulques Nerra*, note XLVIII, p. 354-6.

III. — CONFIRMATION PAR EUDES DE LA FONDATION FAITE AU MONASTÈRE DE BOURGUEIL PAR SA SŒUR EMMA. — 12 FÉVRIER 995.

(Hauteur0, 750. Largeur, 0,440.)

Cette pièce, analysée par D. Morice. *Hist. de Bretagne*, Preuves I, col. 350, et indiquée dans Mabillon. *Annales benedic.* IV, col. 63, a été imprimée par Besly (*Histoire des comtes de Poitou*, p. 288). Le texte qu'il donne, d'après le cartulaire de Bourgueil, étant d'une époque postérieure à celle de la pièce conservée aux archives d'Indre-et-Loire, n'est pas toujours exactement semblable. Nous avons relevé quelques différences sans importance ; les plus considérables se produisent à la fin de la pièce ; les signatures sont inexactement disposées et transcrites.

Le texte donné par le *Gallia Christiana*, XIV, Instr., p. 148, d'après l'édition des frères Sainte-Marthe, donne également les signatures d'une façon très-incomplète ; nous en donnons ici le texte dans son intégrité :

[Signum comitis Odjonis, qui h[anc auctoritatem fecit.] — Signum Rotgerii [comitis]. — Signum [Manassæ] comit [is]. — Signum Gosfredi militis. — Signum Rotberti. — Signum item Rotberti. — Signum Hugoni vicecomitis. — Signum Alonis fratris ejus. — Signum Alberti. — Signum Gelduini. — Signum Ratroch. — Signum Arvei. — Signum Erizoni. — Signum

Amalrici. — Signum Acfredi, fratris ejus. — Signum Mainerii.
— Signum Balduini clerici. — Signum Gualchisi clerici. —
Signum Umbaldi. — Signum Geloni. — Signum Arberti. —
Signum Ansel. — Signum Gualterii. — Signum Hucberti. —
Signum Sanctioni. — Signum Ratherii. — Signum Teduini. —
Signum Wicherii. — Signum Adelardi. — Signum Warnerii. —
Signum Aimerici. — Signum Gozfredi. — Signum Auramni.

Data est hæc auctoritas ab obsidionem castelli Langiacensis,
pridie idus februarii, anno incarnationis dominicæ ᴅᴄᴄᴄxᴄᴠ,
indictione ᴠɪɪɪɪ, regnante Hugone piissimo rege anno ᴠɪɪɪ.

Nous ne discuterons pas la date de la pièce, dont les éléments sont contradictoires : nous avons adopté la date du 12 février 995 avec la plupart des auteurs. — V. A. de Salies : *Histoire de Foulques Nerra*, **p. 85, et A. Salmon : Bibl. de Tours, ms. 1338 f, 181-2. Il est difficile de tirer de cet acte et du précédent des conclusions satisfaisantes et permettant d'établir un système uniforme de chronologie.**

IV. — DONATION PAR GUILLAUME DE POITIERS ET EMMA, SA FEMME, DE DIVERS BIENS AU MONASTÈRE DE BOURGUEIL. — PIÈCE SANS DATE, MAIS ANTÉRIEURE A 995.

(Hauteur, 0,655. Largeur, 0,470.)

Cette pièce, qui ne nous est parvenue que par une copie du
xɪ* siècle, n'a pas été publiée, croyons-nous. Nous en donnons le texte plus bas, texte que nous avons complété à l'aide des copies faites par D. Housseau, ɪ, n° 252, et par Gaignières, (Bibl. nat., fonds lat. 17127, p. 129-131). Nous avons mis entre crochets les passages ainsi restitués :

Dum fragilitas seu casus humani generis pertimescit ultimum
vite terminum subitanea transpositione venturum, oportet ut
non inveniat unumquemque inparatum, sed quicumque vult salutem animarum recipere huic omnino congruit ut de propriis rebus
studeat se redimere. Proinde, in nomine summi salvatoris Dei,
ego Uuilelmus, Pictavorum comes, et uxor mea, nomine Emma,
considerantes immensa peccatorum nostrorum pondera, simulque pertremescentes ultimi judicii diem in qua unusquisque
pro id quod gessit redditurus est rationem, cogitare cœpimus

quatinus pro remedio animarum nostrarum, nec non pro salute
parentum nostrorum, tam vivorum quam eciam defunctorum, in
quadam villa que vocatur Burgulium, in territorio Andegavensi
sita, monasterium in honore sancte et individuae trinitatis,
glor [iosissime matris] Dei Mariae, et clavigeri principis apostolorum Petri simulque omnium sanctorum, ad communem mul-
torum utilitatem construeremus. Cujus operi fideli insistent[es
intentioni], prout oportunitas assensum prebuit, annuente
clementia misericordis Dei, [fideliter consum]mavimus, et
monachos ibidem sub abbatis imperio Deo [et sancto Petro
apostolo] servientibus ex propriis facultatibus, que nobis jure
hereditario succe [dunt, fovere disposuim]us, ut cum his quod
ipsi adquisierint ad cotidianum [usum eorum] possit sufficere.
Quam donationem litteris prehendere decrevimus, manuque
[propria corroboravimus]., filio quoque nostro nomine Uui-
lelmo, cet[erisque nostris] fidelibus, tam clericis quam laicis
utriusque ordinis corroborari fecimus. Igitur ut [donatio pre-
fi]xa certius declaretur, ipsas rès nominatim ex[primere cu]ra-
vimus, id est alodum de Ciliaco (1) cum aecclesia, cum edificiis,
terris cultis et incultis, vi [neis, pra] tis, silvis, pascuis, aquis aqua-
rumque decursibus, mobilibus et in [mobilibus], perviis et exitibus, quesitis et inquerendis, cum mancipiis utriusque sexus desuper cummanentibus..... pertinentibus. Concedimus quoque eis
medietatem curtis [de Jazenia (2) cum medietate aecclesie, in
honore sancte Mariæ, cum villis, terris cultis et incultis,
[ædificiis, vineis, pratis, silvis, pascuis, aquis aquarumve
decursibus, mobilibus et immobilibus, perviis et exitibus, quesitis et adinquirendis, cum mancipiis utriusque sexus et cum his
omnibus que ad medietatem pertinere videntur. Sed et in alio
loco donamus eisdem monachis donatumque in perpetuum esse
volumus aecclesiam de Jazenas, cum omnibus adjacentiis et
utilitatibus, ad ipsa pertinentibus. Simili etiam modo tradimus
et allegamus in eorum dominium medietatem curtis de Vosalia (3), cum villis, terris cultis et incultis, aedificiis, mancipiis, vineis, silvis, pratis, pascuis, aquis, aquarumve decursibus, perviis et exitibus, questis et adinquerendis, mobilibus et

(1) Silli. Vienne, ar. Châtellerault, cant. et com. Lencloître.

(2) Ou Janizas, d'après une charte de Guillaume de Poitiers de 989, imprimée dans Besly (*Hist. des Comtes de Poitou*), p. 273). M. Tarbé donne
Ianias (*Exam. crit.*, p. 24.) — C'est aujourd'hui Jaulnay, ar. Poitiers, canton
de Saint-Georges-les-Baillargeaux.

(3) Vouzailles, Vienne, ar. et cant. Mirebeau.

inmobilibus et quicquid ad medietatem ipsius curtis pertinere
videntur, aecclesiam quoque ipsius ville, in honore sancti Hila
rii, cum omnibus adjacentiis et utilitatibus ad ipsa[m] pertinentibus. Has igitur res supradictas in Pictavensi pago sitas, sicut a
nobis moderno tempore constat esse possessas, transfundimus
atque delegamus in speciales usus monachorum in cœnobio
sancti Petri degentium, quatinus cum his quod ipsi adquirere
potuerint, absque ulla diminutione teneant [et possideant], et
quicquid pro utilitate monasterii agere decreverint liberam et
firmissimam in omnibus licentiam habeant, studeant præterea
idem monachi de aecclesia de Vosalia solvere annis singulis, ad
festivitatem sancti Hilarii que celebratur kalendas novembris,
ad canonicos jamdicti sancti Hilarii censum solidorum v, et eis
amplius non requiratur aut exigatur. Et si de eodem censu
negligentes extiterint, id ipsum eis emendare liceat et quod
tenuerint non ideo perdant. Si vero fuerit ab hodierna die et
deinceps aliquis ex heredibus vel pro heredibus nostris sive
quelibet persona qui contra hanc donationem aliquam calumniam
quibuslibet adinventionibus inferre temptaverit, nisi cito
ad emendationem venerit, maledictio Domini super eum veniat
et a conventu omnium christianorum extraneus appare [at] et
consortium Judae traditoris Domini sortiatur, insuper etiam
inferret partibus ipsius monasterii coact[u]s auri libras D^{tas}, suaque repeticio nullum effectum obtineat ; sed presens donatio
nostre..... nostrorum roborata auctoritate firma [in perp]etuum
perseveret.

Ego Willelmus [nobili] sissimus dux Aquitanorum et [conjux
mea nomine] Hemma, filiusque noster Will[elmus hanc scri]
ptionem firmavimus et ad cor[roborandum] tradidimus fidelibus
nostris.......

† Gisleb[erti episcopi]. — S. Huarici (1) thesaurar[ii. — S.]
Rainaldi decani. — S. [Salomonis] — S. Rotberti. — S. Ramoni.
— ...... S. Arberti....... S. Rotgerii. — [S. Achin.] — S. Gerorii.
— [S. Gauscelini.] — S. Frodoni...... et alii seniores [canonici]
simul una voce firmaverunt, ac cor [roboraverunt] (2).

(1) Savarici, d'après le cartulaire de M. de Bouillé. Cette copie offre
quelques différences avec l'original.

(2) Collaudaverunt, d'après le cartulaire de M. de Bouillé.

V. — CHARTE DE GUILLAUME D'AQUITAINE CONFIRMANT DES DONATIONS
FAITES A BOURGUEIL. — 999.

(Hauteur, 0,330. Largeur, 0,500.)

Cette charte a été publiée par Besly (*Histoire des comtes de Poitiers*, p. 267) et par Labbe (*All. chron.*, II, p. 552). Elle concerne la donation faite par Guillaume d'Aquitaine et Emma, sa femme, aux moines de Bourgueil, de biens situés dans le pagus Pictaviensis. Elle offre un grand intérêt pour la géographie de cette époque, et la fin de cette pièce est curieuse à cause des caractères grecs qu'elle contient :

Data mense septembrio, Pictavis civitate, anno dominicæ incarnationis DCCCCXCVIIII, indictione XII, regnante Rotberto rege Theosopho anno V.

ΓΩCBHPΘOVC MYCPOMΩNAKOVC KAY ΘAΠYNΩC ΛHVYΘHC
CKΠ(1)ΫΠCVΘ KAI *subscripsit*.

XV. — CHARTE DE CORBON EN FAVEUR DU MONASTÈRE
DE BOURGUEIL, RELATIVE A DES BIENS SIS A LERNÉ. —
FÉVRIER 999.

(Archives d'Indre-et-Loire. Série H. Carton Bourgueil. — Haut., 0,420.
Larg., 0,220).

La pièce, dont le texte suit, ne nous paraît pas avoir encore été publiée; elle a été connue de Chalmel (*Hist. de Touraine*, III, 247), et de M. Cartier (*Mélanges historiques*, p. 6).

Les notes tironiennes qu'elle contient semblent assez corrompues, et cette corruption s'explique par la date de la pièce, écrite au moment où ce mode d'écriture n'était plus employé qu'en Touraine.

(1) Le scribe a mis un Π pour un P.

In nomine summi salvatoris Dei, Corbo, gratia Dei nobilissimus miles, notum immo et percognitum esse cupio cunctis fidelibus sancte Dei ecclesie, presentibus scilicet ac futuris precipueque successoribus nostris, quoniam deprecatus est quidam venerabilis abba Gauzbertus (1) cœnobii martiris Juliani una cum caterva sibi commissa sancti Petri Burguliensis monasterii, uti ex rebus mei beneficii quod ex ducamine tenere videor, aliquid sub institutione census annuatim reddendum per hujus meae auctoritatis testamentum concederem ; quorum deprecationem benigne suscipiens, concessi prelibatis monachis sancti Petri Burguliensis loci quartas iii, partim terre culte et partim inculte, cum prato, arpennos ii sitas in pago Turonico in vicaria Cainonensi, ex curte Larniensi (2). Terminantur vero ex tribus partibus terra ejusdem potestatis, quarta quoque terra Gelduini de episcopatu ; infra istas terminationes totum et ad integrum concedo prefatis Burguliensis cœnobii monachis supradictas res perpetualiter ad possidendum, ut habeant licentiam desuper ædificandi, plantandi, construendi et quicquid melius voluerint operandi, solventes exinde annis singulis ad festivitatem sancti Mauricii, quæ celebratur x Kalendas octobris, censum solidorum vi, et eis amplius non requiratur aut exigatur, sed sub tali censu libere ac quiete teneant atque possideant, nemine inquietante ac contradicente. Et si de eodem censu tardi aut neglegentes reperti fuerint, id ipsum emendare studeant et quod tenuerint non ideo amittant. Ut autem hec futuris temporibus firmiorem obtineat in Domino obvigorem, manu propria eam subter corroboravi, manibusque fidelium nostrorum corroborari fecimus.

Signum sancte crucis Corbonis, militis, qui hanc auctoritatem fieri jussit atque firmavit. †.

† XP. — Signum Aldesendis, uxoris ipsius. — Signum Corbonis filii ejus. — Signum Arduini filii ejus. — *Signum* (3) Solionis. — *Signum* Achardi. — *Signum* Berneri. — *Signum* Burchard [i]. — *Signum* Radulfi. — *Signum* Gualonis. — *Signum* Rainaldi. — *Signum* Guicherii. — *Signum* item Guicherii. — *Signum* Arduini. — *Signum* Alcherii. — *Signum* Aimardi. — *Signum* Hucberti. — *Signum* Fredrici. — *Signum* Guilifredi. — *Signum* Guillelmi. — *Signum* [illisible].

Data est autem hec auctoritas mense februario, xv [Kal. martii] (4) [illisible]... cie [illisible].......... Corbonis, anno Domi-

<hr>

(1) On le trouve en 991 (Besly, p. 280), en 994 et 997 (*Table des diplômes*, I, p. 494 et 500).

(2) Lerné, Indre-et-Loire, arrondissement et canton Chinon.

(3) Nous imprimons *signum*, quoiqu'en réalité il y ait *subscripsit*.

(4) Nous pouvons suppléer aux mots illisibles de la date, grâce à la confirma-

nicę incarnationis DCCCCXCVIIII, anno XI, regnante Rotberto rege.

Jonas sancti Mauricii canonicus *atque sacerdos*, jussu Fredrici antigrafi, *scripsi* (1) *et subscripsi*.

XVI. — NOTICE RAPPELANT LA DONATION FAITE PAR LETALDUS A SAINT JULIEN D'UN MOULIN A SONNAY. — SANS DATE Xe S. — XIe S.

(Archives d'Indre-et-Loire. Série H. Carton St-Julien. Haut., 0,630. Larg., 0,120).

Cette pièce n'est pas, à proprement parler, une charte comme on le verra par le texte que nous donnons ci-dessous ; c'est plutôt une notice, destinée à conserver la mémoire de la conduite tenue par le couvent de Saint-Julien, à la suite de la donation à lui faite par Letaldus.

Quoique non datée, nous l'avons admise au nombre des chartes antérieures à l'an mil ; les caractères paléographiques nous y autorisaient. L'abbé Gauzbert, dont il est ici question, n'étant mort que vers 1007, et notre charte se plaçant par conséquent entre les dernières années du Xe siècle et 1007, nous avons cru pouvoir faire figurer cette pièce dans notre travail.

Condonavit Letaldus Deo et Sancto Juliano molendinum suum post mortem suam, tali tenore quatinus societatem suam morationibus bonisque operibus in eodem loco haberet, sicut unus ex illis et ut terram illam quam de Sancto Juliano deserviebat et ipso servicio post mortem suam filii sui deservirent. Hoc ipsum autem Durando monacho et preposito deprecante auctorizavit dompnus abba Gauzbertus (2) cum suis monachis.

tion de cette pièce par l'archevêque de Tours, Archambaud. Une copie de cette confirmation nous a été conservée par Gaignières (Bibl. nat., fonds. lat. 17127, f. 141). La pièce est datée du XVe avant les Calendes de Mars et la confirmation du lendemain (XIV avant les Calendes).

(1) Il y a en réalité *subscripsi*. Le scribe de cette charte paraît n'avoir point connu le sens des notes qu'il écrivait: l'abréviation de *subscripsi* employée pour *signum*, et les notes tout à fait corrompues qui suivent la mention du scribe lui-même, le font supposer.

(2) Il y eut deux abbés de Saint-Julien du nom de Gauzbert ; c'est du pre-

Quadam itaque die dominica convenit ipse Letaldus ad aecclesiam sancte Marie Solnacum (1) vocitatam, ibique fecit donationem sancto Juliano de molendino illo simul cum uxore sua et filiis et filiabus, videntibus cunctis ad ipsam parrochiam pertinentibus. Quapropter ipso moriente fecit Durandus monachus caritatem panis et vini pro anima ejus; mortuo quoque debitum (*sic*) sepulture curam exibuit, nec pro ea aliquod precium accepit, quod solidorum decem esse debebat. Insuper isdem preposi·tus caritatem alteram panis et vini, porci quoque unius precio solidorum duorum pro ejus anima fecit; presbiteris etiam et clericis pro missis et vigiliis denarios dedit idem, Clementi presbitero denarios xii, Fulcranno denarios v, Gauzberto diacono iii denarios, Guarino denarios ii, clerico de Genesto ii denarios. Sepulto illo, uxore filiisque ejus in magna angustia positis, abba Gauzbertus frumenti modios ii et de sigila modios v et unum bovem donari fecit. Eo autem tempore vendebatur modius frumenti solidis xviii, sigila xvii. Precepto abbatis Gauzberti etiam pavit Durandus monachus tam uxorem quam filios et filias a Nativitate Domini usque ad augustum mensem; defuncta quoque eadem muliere, nullum precium sepulture solutum est, quod solidorum x [v] esse deberat.

XVII. — CHARTE DE ROBERT, ROI DE FRANCE, RELATIVE AUX CHATEAUX DE MIREBEAU ET DE MONTBAZON. — VERS 1000.

(Arch. d'Indre-et-Loire, série H., liasse Cormery. Haut., 0,760. Larg., 0,480).

Cette charte, qui a été imprimée par D. Martène (*Thesaurus novus anecd.*, i, col. 137), et dans le *Cartulaire de Cormery*, p. 62, porte au dos la mention contemporaine qui suit :

« Iterdictum Rotberti regis Francorum, rogatu Fulconis
« comitis factum, de castellis Mirebello et Montebasone, ne
« videlicet ex eisdem castellis vel ceteris ipsius comitis castel-
« lis monachis sancti Pauli ulla consuetudo superflua infe-
« ratur. »

mier dont il s'agit (391 ? — 1007) ; le second, qui lui succéda et mourut en 1025, est mentionné dans le courant de la pièce avec le titre de diacre.

(1) Sonnay, Indre-et-Loire, ar. Tours, cant. Châteaurenault. Nous savons qu'à cette époque Sonnay possédait deux églises importantes, dédiées à Notre-Dame et à saint Gervais. (Mabille, *Divisions territoriales de Touraine*, p. 90.)

Elle est en assez mauvais état ; elle porte en tête le chrisma, au bas le monogramme royal ; quelques traces de sceau se voient encore. La comparaison de l'original et de la copie du cartulaire de Cormery nous a montré quelques différences :

Pag. 62, lig. 19, au lieu de *incerta,* l'original donne *infesta.*
— — — 21, — *Theobaldus* — *Tetbaldus.*
— — — 22, — *ut in sua prudentia* — *ut vi sua.*
— 63 — 4, — *quam potius* — *quin potius.*
— — — 6, — *mugnificentiam* — *magnificentiam.*
— — — 11, — *stabilitatem ac pacem divinam,* l'original donne *stabilitate ac pace divina.*
Pag. 63, lig. 12, au lieu de *habeamus* l'original donne *lœtemur.*
— — — 13, — *unquam* — *unquam sit.*

Cette pièce a été faussement datée de 1025 environ, par D. Martène. Dans le *Cartulaire de Cormery* elle est indiquée comme pouvant être de 1000 environ. L'abbé Thibault, en effet, dont il est fait mention dans cette pièce, gouverna le monastère de Cormery de 997 à 1006 (*Cart. de Cormery,* cxii), ou seulement jusqu'en 1004, d'après D. Bouquet. (*Hist. des Gaules* X, p. 578, note. — V. A. de Salies, *Histoire de Foulques Nerra,* p. 357.)

XVIII. — CHARTE DE FONDATION DU PRIEURÉ DE BEAUMONT-LA-CHARTRE. — JUILLET 1002.

(Arch. d'Indre-et-Loire, série H, carton St-Julien. Haut., 0,580. Larg., 0,260).

Cette charte est très-bien conservée et d'une très-belle écriture, elle contient le signe tironien qui sert à indiquer l'annotation du mot *subscripsi.* Gaignières l'avait fait copier (Bibl. nat., fonds lat. 5443, f. 83). Elle a été publiée d'après l'original des archives d'Indre-et-Loire, par D. Piolin (*Histoire de l'Église du Mans,* iii, 641), mais sans tenir compte des notes tironiennes, et avec d'assez nombreuses infidélités dans la reproduction des noms propres pour qu'il soit impossible d'y reconnaître les signatures de l'original, dont nous donnons ici le texte complet :

x p. — Signum Archembaldi archiespicopi.
Signum domni Gauzberti abbatis.
Signum Rainaldi decani.
Signum Guidoni monahi (*sic*).
Signum Gualterii sacerdotis et monachi.
Signum Adraldi sacerdotis et monachi (1).
Rainaldus monachus et sacerdos *subscripsit.*
Gauzbertus levita et monachus *subscripsit.*
Gauzuinus sacerdos et monachus *subscripsit.*
Johannes sacerdos et monachus *subscripsit.*
Ervicus levita et monachus *sulscripsit.*
Giraldus sacerdos et monachus *subscripsit.*
Auramnus sacerdos et monachus *subscripsit.*
Constantinus sacerdos et monachus *subscripsit.*
Girbertus subdiaconus *subscripsit.*
Hugo subdiaconus *subscripsit.*
Otgerius sacerdos et monachus *subscripsit.*
Bernardus sacerdos et monachus *subscripsit.*
Bernaldus sacerdos et monachus *subscripsit.*
Arderadus levita et monachus *subscripsit.*
Rainaldus sacerdos et monachus *subscripsit.*
Gauzfredus sacerdos et monachus *subscripsit.*
Drogo levita et monachus *subscripsit.*
Leudo levita et monachus *subscripsit.*
Johannes sacerdos et monachus *subscripsit.*
Girardus sacerdos et monachus *subscripsit.*
Durandus subdiaconus et monachus *subscripsit.*
Gulferius sacerdos et monachus *subscripsit.*
2ᵉ *colonne.* Gerricus levita et monachus *subscripsit.*
Boso archidiaconus *subscripsit.*
Guillelmus clericus *subscripsit.*
Burchardus clericus *subscripsit.*
Garnerius precentor *subscripsit.*
Eredrius (?) clericus *subscripsit.*
Martinus clericus *subscripsit.*
Gualterius sacerdos et monachus *subscripsit.*
Hugo monachus *subscripsit.*
Ingelbaldus sacerdos et monachus *subscripsit.*
Rainardus monachus *subscripsit.*
Petrus monachus *subscripsit.*
Eurardus monachus *subscripsit.*

(1) Ce mot est abrégé : $\overline{mohi}$, $\overline{monh}$, $\overline{mh}$ et $\overline{m}$.

Fulcuinus monachus *subscripsit.*
Christoforus puer *subscripsit.*
Guido puer *subscripsit.*
Erbertus puer *subscripsit.*
Marcius puer *subscripsit.*
Ulgerius puer *subscripsit.*
3° *colonne.* Signum Gualterii.
Signum Beroardi.
Signum Wicherii.

Data Turonis, ante presentiam Archembaldi archiepiscopi, mense Lulio, anno incarnationis dominicæ millesimo ii, regnante rege Rotberto anno x.

Gualterius, licet indignus sacerdos ac monachus, ad vicem Gauzberti levite et monachi, scoleque primi, scripsit et subscripsit.

Au dos, écriture contemporaine : Carta de mutacione Bellimontis.

XIX. — CHARTE D'AVISGAUDUS, ÉVÊQUE DU MANS, EN FAVEUR DE BEAUMONT-LA-CHARTRE. — 1004.

(Arch. d'Indre-et-Loire, série H. Carton St-Julien. Haut., 0,900. Larg., 0,245).

Dans cette pièce, l'évêque du Mans fait remise aux religieux de Beaumont-la-Chartre de divers droits qui lui étaient dus à cause du dit Beaumont. Nous avons une copie de ce document (Bibl. nat. fonds lat., 5443, f. 86-7) incomplète du commencement (formule générale) et des signatures. Cette pièce a été publiée par D. Piolin (*Histoire de l'Église du Mans*, iii, 644-5), d'après la copie de Gaignières. Les notes tironiennes, qui sont importantes et qui méritent d'être étudiées, ont été laissées de côté. Nous donnerons ici le texte des signatures et des notes :

Avisgaudus *misericordia Dei episcopus huic auctoritati subscripsi.*

Odo *archidiaconus* hanc auctoritatem fieri rogavit *et subscripsit.*

Hucbertus sancti Gervasii nobilis canonicus *subscripsit.*
Isahac *diaconus subscripsit.*
Guillelmus *diaconus subscripsit.*
Item Guillelmus canonicus *subscripsit.*
Stephanus *sacerdos atque* precentor *subscripsit.*
Aymericus *diaconus subscripsit.*
Gauzmarus *diaconus subscripsit.*
Andreas *diaconus subscripsit.*
Hucbertus clericus *subscripsit.*
Fulcoius clericus *subscripsit.*
Arduinus clericus *subscripsit.*
Ingelbaldus *diaconus subscripsit.*
Berengerius *diaconus subscripsit.*
Item Aymericus clericus *subscripsit.*
Rainaldus *sacerdos subscripsit.*
Guarnerius *sacerdos subscripsit.*
Gerricus *diaconus subscripsit.*
Data *est* autem hec auctoritas anno incarnationis *domini nostri Jesu Christi* M IIII, indictione secunda.

Gauzbertus accolytus presens fui et jussus *a* prefato *epis-copo atque rogitus ab* Odone thesaurario, *scripsi atque sub-scripsi.*

(Au dos. — XIII° siècle.) De Bello monte et milecia.

XX. — CHARTE DE RENAUD, ÉVÊQUE DE PARIS ET COMTE DE VENDOME, RELATIVE A BEAUMONT-LA-CHARTRE. — JUILLET 1005.

(Arch. d'Indre-et-Loire. Série H. Carton St-Julien. Haut., 0,400. Larg., 0,265).

Il s'agit de la remise faite par l'évêque de Paris, à l'abbaye de St-Julien de toutes les coutumes dont il jouissait sur les biens de l'abbaye à Beaumont-la-Chartre. — Une copie de cette charte existe à la Bibl. nat., fonds, lat. 5443, f. 85. — Elle a été publiée par D. Piolin, *Histoire de l'Église du Mans*, III, 643.

Nous ne pousserons pas plus loin cette étude ; aussi bien avons-nous déjà dépassé la limite que nous nous étions imposée, les caractères paléographiques des documents changent-ils presque subitement après l'an mil, et les notations tironiennes disparaissent-elles avec le XIᵉ siècle.

Il nous a paru urgent de réunir, sous peine de les voir disparaître et se perdre dans un avenir très prochain, les documents qui nous sont parvenus de ces époques reculées. Qu'il nous soit permis d'espérer que notre travail, en appelant l'attention sur ces matières, fera connaître au monde savant quelques pièces restées inconnues.